8443 4500

P9-CBW-288

Los animales nos cuentan su vida

Animales de la casa

Élisabeth de Lambilly

Gareth Stevens
Publishing

El perro

Soy un perro.
Puedo ser tu mejor amigo.
Ladro a los extraños
para proteger tu casa.
Cuando me siento solo,
¡me gusta mordisquear
casi cualquier cosa!

El pez dorado

Soy un pez dorado.
Nado y nado
dentro de mi pecera.
A veces, nado
hacia arriba
y hago burbujitas.

El hámster

Soy un hámster.
Cuando estoy dentro de mi jaula,
corro, corro y corro en mi rueda.
Haré que gire y ruede
—¡mientras me des
muchas semillas
para mordisquear!

La tortuga

Soy una tortuga.
Me gusta comer lechuga y moscas.
Me muevo muy despacio.
Pero si me asustas —¡zip!—
meto la cabeza y me oculto
en mi duro carapacho.

El canario

Soy un canario.
Soy amarillo
como un caramelo de limón.
¡Pío, pío, pío!
¡Canto todo el día!
Por la noche, duermo
silencioso en mi rama.

El conejo enano

Soy un conejo enano.
Como sin parar
hojas de zanahoria y de nabo,
pero nunca seré
más grande que tu mano.

El gato

Soy un gato.
Voy por todos lados
con mis pies almohadillados.
Me encanta ronronear y jugar,
pero por favor,
¡no me despiertes
cuando estoy durmiendo
al sol!

Please visit our web site at: www.garethstevens.com
For a free color catalog describing Gareth Stevens Publishing's
list of high-quality books, call 1-800-542-2595 (USA) or
1-800-387-3178 (Canada). Gareth Stevens Publishing's fax: 1-877-542-2529.

Library of Congress Cataloging-in-Publication Data

Lambilly, Elisabeth de.
   [Animals around the house. Spanish]
   Animales de la casa / Elisabeth de Lambilly. — North American ed.
     p. cm. — (Los animales nos cuentan su vida)
   ISBN-13: 978-0-8368-8102-8 (lib. bdg.)
   1. Pets—Juvenile literature. I. Title.
  SF416.2.L3618   2006
  636.088'7—dc22   2006034470

This edition first published in 2007 by
Gareth Stevens Publishing
A Weekly Reader® Company
1 Reader's Digest Road
Pleasantville, NY 10570-7000 USA

Translation: Gini Holland
Gareth Stevens editor: Gini Holland
Gareth Stevens art direction and design: Tammy West
Spanish translation: Tatiana Acosta and Guillermo Gutiérrez

This edition copyright © 2007 by Gareth Stevens, Inc. Original edition copyright
© 2002 by Mango Jeunesse Press. First published as *Les animinis: À la maison*
by Mango Jeunesse Press.

Printed in the United States of America

2 3 4 5 6 7 8 9 10 10 09 08